私はわたし、
Age 83の
ストリート
スナップ

木村眞由美

街歩きは、おしゃれを自由にする

「私らしさ」は街歩きで磨く

どなたでもできるおしゃれをさりげなくシンプルに。これが、インスタグラムにも書いた私のおしゃれのモットーです。いいものを上から下まで揃えるのは、お金があれば、誰でもできる。私の場合はそうじゃないの。一番大切なのは、「私らしさ」です。

前もってお伝えしておきますが、私には、「私らしさ」以外の「らしさ」は通用しません（笑）。よく言われる、教師らしさ（教師時代に悩みました）、母親らしさ、奥様らしさ、神戸らしさ、ましてや年寄りらしさ（笑）なんて、ノーサンキュー。私にとっての「私らしさ」とは、好きな服を好きに着て、それでいてカッコいい。これに尽きます。

私らしさ。私は、これを若い頃からの街歩きで磨きました。巷にファッション情報は溢れているけれど、私の情報源はストリート。歩いて、ウインドーをのぞき、おしゃれな人を目で追って、喫茶店でお茶をして、何より映画をたくさん観て。

街は、人の心を自由にします。色に溢れ、形が躍り、変化する時代の空気をいっぱいに吸い込むことで、好きなもの、自分がいいと思うものを選び取る。その感覚を、街の自由な空気が育んでくれました。

だからこそ、私の服選びの判断基準は、ブランドじゃない。人の目じゃない。世間の「らしさ」ではないのですね。

83歳の今でも、街をよく歩きます。神戸は、メインストリートを中心にいく筋もの小路が碁盤目状を成す、まさに歩いて面白い街。歩くのは「hananoki」界隈が中心ですが、足が向くままにふら〜っと歩いて回り、通りすがりで、おっ！という服を見つけたら、店にツカツカ入っていきます。そうすると、若者向けの店だった、なんていうことはしょっちゅうです。その服は、試着もせずに「これ、ください」。店の若い店員さんのびっくり顔なんて、気にしない(笑)。大丈夫よ。ちゃんと、着こなせますって。若者を真似するんじゃなく、83歳の私らしくね(笑)。

洋服だけでなく、暮らしを彩る楽しい雑貨や美しいファブリック、珍しい観葉植物などを見つけるのも、街歩きの楽しみの一つ。心がウキウキ弾みます。

街でおしゃれを磨くヒント

私が長年の街歩きで得た、自分らしさを見つけ、おしゃれを磨くヒントをいくつかご紹介しましょう。

hint 1 おっ！と思った店には入ってみる

最近も、あまり着たことのない面白い形のワンピースを若者の店で見つけ、即買いしました（43ページ）。街を歩いていなければ、こういう服には出合えません。マダム向けの情報誌を見ていても、ネットで検索しても巡り合えない。なぜなら、最初から、自分のストライクゾーンを狙ってしまうから。

街歩きには、出合い頭という幸運があります。ストリートに並ぶ若者の店、メンズの店、普段は足を踏み入れない店。通り過ぎたあと、おっ！と思って後戻りするような店ならば、ともかく一度入ってみましょう。

hint 2 これ！っと思ったものは、「買っとこ！」

色遊びが大好き。きれいな珍しい色に出合ってしまったら、私の場合、まず「買っとこ！」です。心ときめくものはすべて、一期一会です。若草色のセーター（106ページ）も、そんな1枚。サイズや、自分に似合う似合わないは関係ありません。洋服のサイズが小さくても、その色が気に入れば、ぐるぐる巻いてマフラーにしちゃえばいい。そのくらい、おしゃれは自由であっていいんやない？

hint 3 たまには自分を裸にしてみる

長年、お洋服の店をやっていると、初対面の方でも大体、お好みがわかります。でも中には、この方はきっと違う一面をお持ちだわと感じるお客様もいて、お勧めは何ですか?と聞かれたその勢いで、「いっぺん、裸になって上から下まで変えてみられては?」と返すことがあります。お断りになる方もいれば、「そう? やってみるわ」と大変身して、意気揚々と店を出ていかれる方もいる。

ひとまず、自分の好みは横に置いて、プロの意見に耳を傾ける。街に出てこそ、出合える変身のチャンスだと思います。

歳をとるほど、自由になろう

歳を重ねていくほど、自由になれる。これも私の実感です。インスタの私を見て「80歳でも、こんな格好ができるんですね。勇気が出ます」という感想を多くいただきます。そのとおり! 若い頃のセルフイメージを持ったまま、同じ洋服を着ていたり、還暦だからと自らお年寄りっぽくなってしまうのは、とてももったいないと思います。

還暦なら、私の歳まで20年以上もあるんです。何だってできます。白髪が増えればこそ、赤もチェリーピンクもオレンジもOK。どんな色でも、いらっしゃ〜い。白シャツ&赤いパンツにスニーカー。堂々と着てごらんなさい。楽しいですよ。夫が恥ずかしいと言おうが、近所の人が噂しようが、自分が楽しむことに何の遠慮がいりますか?(笑)。何より、誰も見てへん。そんなものよ(笑)。

もう、そろそろ世間の「らしさ」から解放されましょう。自由になって、着てみたいものに、チャレンジしましょう。83歳の私にも、まだまだ着たい服があります。

お楽しみは、これからよ!

もくじ

Spring

Summer

Autumn

Winter

Spring
春のおしゃれ

春は、心がほどけていくイメージやね。
淡いパープルやピンクのやさしいシャツに、
マニッシュなジャケットやジーンズ！
テイスト違いのコーデが多くなります。

Spring 01

ジーンズショップのお兄さん

一年ほど前、近所にジーンズ屋さんができました。ウインドーを飾るメンズのデニムに惹かれ、扉を開けてツカツカツカ。白い空間に吊るされたストレートジーンズに、これよ、これ！っと思わず小躍り。だって、なかなかお目にかかれないのね、私のハートにジャストミートするジーンズ。さっそく、イケメンのお兄さんに聞きました。「私ね、ウエストが90近いのよ。あるかしら？」。「もちろんです。穿いてみますか」。手渡されたメンズの裾を見ると、やはり赤耳（37ページ）、お尻にはポケットが二つ。素材にもこだわりがある。「試着はいいわ〜。これ、ください」。

聞けば、この店、若者二人で始めたのだとか。鋭いほどの清々しさは、そのせいでしょうか？お店の前を通ると、ウインドー越しに笑顔のお兄さんと目が合って、のぞくだけのことも買っちゃうことも。若者よ、頑張れ！

Fashion Point

数年前、ひと目惚れで買ったパープルのコットンシャツ（フランク＆アイリーン）。洗って、こなれて、いい感じのクタッと感が出てきました。ジーンズは、これも即買いしたメンズのストレート（ハツキ）。ジーンズの裾はひと折りして赤耳（赤いステッチ）を見せつつ、シャツの胸元は第3ボタンまでオープン！　これぞ、カジュアル＆女っぽさのハイブリッド（笑）。靴は、パラブーツのミカエル。20年近く履いていますが、頑丈そのもの！

Karel Čapek
Meets

60歳、歳をとるのは怖くない！

一冊目の本を出してから、こんなお便りが届きます。「50代に入ると、え〜っ！　60歳を過ぎると、もうあかん〜。でも、そうじゃない。歳をとるのが怖くなくなりました。眞由美さんに勇気づけられていますって。嬉しいですよ。

年齢とともに、肌も髪も衰えます。でも、自ら諦め、おしゃれを忘れてしまったら、もっと汚くなるわよ〜（キツ〜。笑）。いえいえ、シミ、シワ、たるみ、なんのその。明るい色の服を着て、ジーンズ穿いて、アクセサリーをジャラジャラつけて歩きましょう！　海外では、90歳の女性たちが華やかなお化粧で、モード服を着こなしてるでしょ。シニア激増の日本でも、あんな素敵な女性たちが増えていくんじゃない？

Fashion Point

可愛すぎるイラストTシャツ（ブラックスコア）に胸キュン！　大人には難しい？　いえ、そんなことはありません。合わせたのは、洗練のストレートジーンズ（ハツキ）＆コート（バーバリー）。コートは、パサッとラフに羽織り、袖を無造作にたくし上げてアクティブに。ジーンズは、裾を折って赤耳を見せるのが、私流。愛用のスニーカー（プラダ）とリュック（スタンダードサプライ）で決め、COOLな大人カジュアルの完成です。

ピンクを着よう！

私は、家では暗い色の服を着ませんでした。可愛いお色を着てました。部屋着だから、グレーや紺色でもいいでしょって？　めっそうもありません（笑）。私は、パジャマなんか、ずっと淡いピンクです。なぜなら、お洋服は自分のためだけに着るものじゃないからです。外出着で人の目を気にするのなら、家の中でも家族の目を気にしてほしいのね。

とくに、お歳を召した方には、きれいな色の部屋着を着てほしい。肌がくすんで白髪で、メークもしないで、黒やグレーばかり着ててごらんなさい。ネズミちゃんよ。それで、家族が元気でいられます？　お連れ合いが、ぽっと明るい気持ちになってくれるでしょうか？　色ってね、お部屋の空気を変えてくれるの。きれいな色は、よい気を運んできてくれます。さあ、今日からピンクを着ましょう！

Fashion Point

久しぶりの赤パンツ（マッキントッシュフィロソフィー）で、気合も十分。赤パンツにも負けないTシャツ（ブラックスコア）。イラスト＆Tamagucciの、ピンクと黒の色バランスが絶妙でしょ！　でも、これだけだと面白くないから、手首に赤い糸玉ネックレスをぐるぐる巻き、バッグ（グッチ）のストラップも合わせて、全体を赤コーデ。よし！　これでお友達とも元気に会える！　靴は茶色のビットローファー（グッチ）。

Hankyu Rokko
阪急
阪急タクシー
1,000円
1,000 yen

大人の条件

朝から雨。ふっと思い出して、以前、読みかけて閉じた本をふたたび開きました。ぱらぱらとページを繰ると、んん？　何なに？　いいことがいくつか書いてある。

その1。怒ったとき、人はその人の本性が出るそうだ。生まれ育ち、教養すべて。怒りとは、裸の感情なんだって。いくら対面でよい顔をしていても、怒り方がダメな人は、人間関係も悲しい終わり方になるらしい。なるほどなあ。

その2。よく面倒くさいと言う人がいる。あれも面倒、これも面倒、人との関係すら面倒だと言う人がいる。でも、面倒くささをごく自然にこなせるのが、真に成熟した大人なのだそうだ。なるほどなあ。

窓を見上げた。雨の滴のように、言葉が心に染み入ってきた。

本：『人生の結論』小池一夫著（朝日新書）

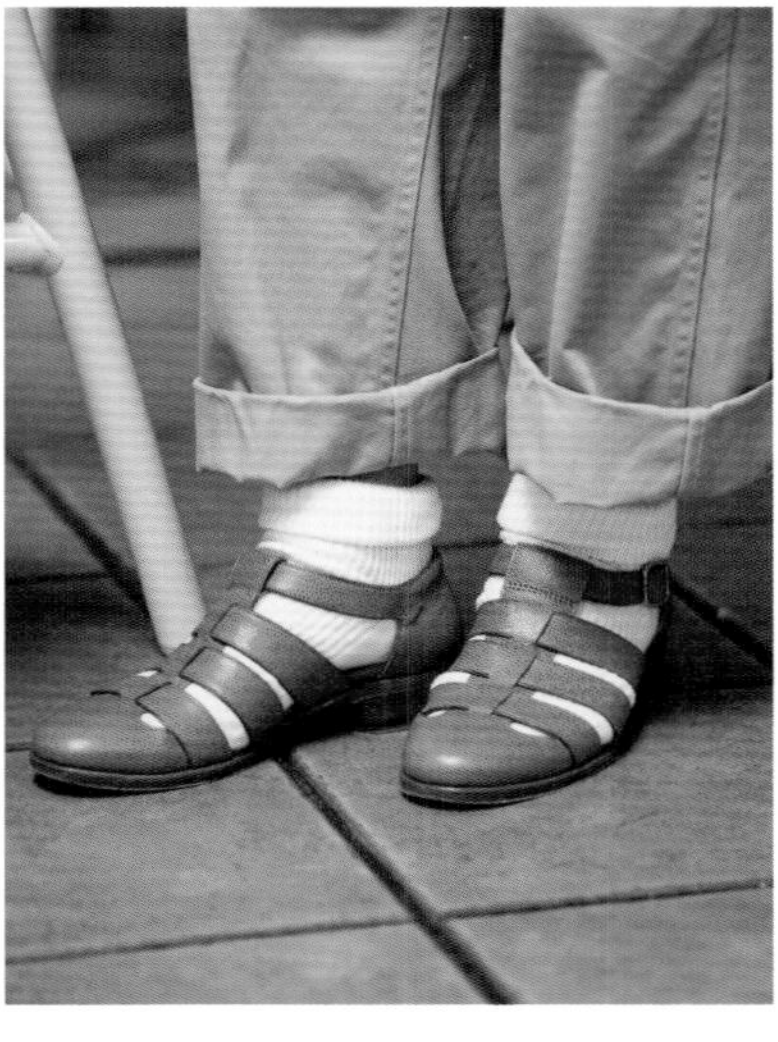

Fashion Point

スネーク柄のブラウス（クラネ）は、ジャケットとして購入。インナーは、茶色のタンクトップ。マダム風ですが、このテイストをどうくずしてやろか～（笑）とトライしたのが、このコーデ。ポイントは、足元。チノパン（オーシバル）の裾をふた折り、グルカサンダル（フラテッリジャコメッティ）に白のソックスを合わせるの。くるっと折り返したソックスの白が、眩しい差し色に。キュートでしょ！　バッグ（エルメス）は、全体のカラーバランサー。

USAの『Seventeen』

母は、負けず嫌いの人でした。小学校教師をして、一人で私を育てました。私にお茶やお花、バレエを習わせたのも、立派な女性になってねという期待と意地があったからでしょう。おしゃれに関しても、友達がきれいでモテて、そのラブレターの受け渡し役ばかりやっている私に、「おしゃれをしなさい」とはっぱをかけて、アメリカから、ガールズ雑誌の元祖『Seventeen』を取り寄せてくれました。1940年代に創刊されたその雑誌は、ファッションやビューティー、スクール・ラブやポップカルチャーなどキラキラする世界で埋め尽くされていて、どれほど胸をときめかせたことか。10代の少女にとって、それは世界に繋がる窓でした。

Fashion Point

ボーダーシャツは若い頃から私の必須アイテム。春夏には欠かせません。とくに「オーシバル」は、私のお気に入り。ブルーをはじめ全色揃えています。頻繁に登場するのは、このタイプ。胸から腕にかけての白い抜け感が、清々しい。ゆったりめなので、ボトムスは、スリムのジーンズで引き締めて。重量感のあるパラブーツと濃いサングラスを合わせると、さわやかさに大人の粋がプラス！　白のトートバッグでバランスを取るのもポイント。

実母の介護、夫の看病

子育てが終わった50代後半、神戸に呼び寄せた実母の介護が始まりました。当初は家で、途中からは断腸の思いで施設に入ってもらい、4年間、週に3回通いました。お店では、介護のそぶりなど見せないで、笑っていました。でも、本音は辛くて、切なくて。だから、爪を真っ赤に塗っては自分を励まし、施設帰りの車中では、音楽を大音量で流し、ときには涙声を張り上げ、雪村いづみを歌ってました。

夫は、癌の発病から10年間看病しました。入退院を繰り返しましたが、一日一日が愛おしかった。18年間、しんどかったとはつゆほども思いません。でも、悲しみは消えない。今も心をすっぽり皮膜のように包んでいます。

Fashion Point

神戸の街を一望できる六甲山へ。外出を思い立ったら、普段着同様のシンプルな白のTシャツ＆黒のパンツでも、羽織るだけで様になるのが、バーバリーのコート。襟を立て、スカーフをさっと巻くだけで、雰囲気が出る。風をはらみ、裾が揺れるだけで、カッコいい。ストラップをつけたケリーバッグ（エルメス）を斜め掛けし、足元を黒革の紐靴（パスクッチ）で決めれば、究極のマニッシュ。濃いサングラスも、最後の決め手＝スパイスです。

友あり、インスタより来たる

今の私の暮らしの中心は、インスタです。生活にリズムはできるし、励みになるし、何よりワクワクするのは、お仲間が増えること！ とくに、一昨年本を出してから、フォロワーさんが一気に増えて、びっくりです。アップするとコメントが300付く日もあって、お返事は、もっぱら❤や😄や👍、ときどき🍺(笑)になるけれど、ぜ～んぶ目を通していますよ。

フォロワーさんから、プレゼント🎁が届くこともあります。ある方は、夫といつも一緒にいられるようにと、インスタから切り取った彼の写真をキーホルダーにして送ってくださいました。😷がないな～と書いたら、マスクをど～んと届けてくださる人、美味しいから食べてくださ～いって、流行の🍞を送ってくださる人。でも、皆さん、住所不明の名無しさんなの。そんな出会いって、インスタ以外でありますか～？😍😍💗

Fashion Point

その昔、イタリアで出合ってしまった黄色いローファー（グッチ）。日本では滅多にお目にかかれない色なので、「買っとこ！」で手に入れました。昨年ひよこ色のセーター（モリスアンドサンズ）を買ったので久しぶりの出番。クリーム色の布袋も合わせて、イエローコーデ。ボトムスはスリムジーンズで、すっきりと。黄色が派手だから余分なアクセサリーは着けないけれど、この丸メガネだけは絶対。決め手のチャームポイント。

Spring 08

人は、自分を映す鏡

自分にどんな服が似合うのかわからなくなってしまう。そんなおしゃれクライシス(危機)が、50代以降はたびたび訪れます。私の店でもよく聞くの。「好きだった水色のシャツが、似合わなくなっちゃって」。私に言わせれば、当たり前です。歳をとっていくんだもの。白髪も出れば、肌ツヤだって若い頃とは違います。でも、自分では気づかないし、気づきたくないのね。

もし、今の自分に似合う服を知りたいなら、自分の好き嫌いより、人様の意見に耳を傾けてみてはどう？　私は、はっきりお伝えするの。着たことがないと言われても、「お客様には、水色より緑色の方が似合いますよ」と。

人は、自分を映す鏡。あの人の性格がああだこうだと言うのも、鏡でしょ。人が勧める服にトライしてみて。まんざらでもない(笑)フレッシュな自分が、鏡に映っているはずよ！

Fashion Point

麻のシャツに合わせようと、コンビで買ったバッグ（ロンシャン）＆靴。これにシルバーバングル、グレーヘアとくれば、春夏の涼やかな最強シルバーコーデ、完成です。薄手の麻ブラウスは、ジャケット使いで。Tシャツは、胸元がすっきり見えるこだわりのUネック。スカート風パンツは繊細なライトグレーのマダム丈。バッグを斜め掛けにして、カジュアルっぽさをちょっとだけプラス。

自由は、シンプルなスタンダードから

私の基本は、スタンダード。シンプルな白シャツやパンツ、ジーンズ、ロングコート、色で言えばベージュに黒、キャメル色。ひと揃いあれば、そこからは、三つのセオリーで自由自在に遊ぶことができます。ハイブランドをカジュアルに①「はずす」ことも、襟をくしゃっとさせたり袖をたくし上げて②「くずす」ことも、黄色の靴や艶やかなスカーフを合わせて③「色遊び」をすることも。おもちゃのような可愛いアクセサリーや、40年前から愛用しクタッと体に馴染んだ革ジャンの出番もある。こういうのが、メチャ楽しいの！

存在感のある服は、それだけで完結しちゃう。遊ばせてくれる（笑）余白がありません。まずは、シンプルなスタンダードを揃えてみて。そこから、おしゃれは自由になれる。遊べます。ただし、条件が一つあります。素材は上質であること。品と洗練に差が出ますからね。

Fashion Point

これが、私のスタンダード。麻の白シャツ（アーバンリサーチドアーズ）に着込んで体に馴染んだシャネルのジャケット、ボトムスは黒のスパッツタイプのパンツ（デピエトリ）。下半身をスリムに見せる一方、足元はハードな黒の紐靴でバランスを取ります。バッグを見て！　ルイ・ヴィトンです。裏返して使っているの。ハイブランドは、そのまま使わない。くずして遊ぶのが楽しいわね。

エスプレッソ！♥

小さなカップの虜になって、40年。洋服の買い付けでよく行ったイタリアの、街角の小さなバールで見かけた光景が始まりでした。私の視線を捉えたのは、ちょっと小粋な初老男性。小さなカップを片手に、クイッ、クイッと2回で飲み干すと、カップの底に人差し指をグイッと入れて、その指をペロッ！ 驚いたわね。でも、聞けば、これこそが本場のエスプレッソというもので、角砂糖を入れても溶けるまで混ぜず、2回で飲み干し、最後に底に残った砂糖を指ですくって舐めるのだとか。私も、アレやりたい！とすぐにトライ。痺れました。苦味と甘味のハーモニー！ もう、普通のコーヒーでは物足りない。永遠なれ、エスプレッソ！♥

Fashion Point

街歩きでは、よくこんな格好をしています。白の麻シャツ（アーバンリサーチドアーズ）にジーンズ。気張らず、動きやすいのがいい。でも、これではただのおじさん？（笑）。そんなわけにはいきません。上質なカシミヤセーター（マルニ）を羽織り、靴はパラブーツでバチッと決める。シャツは第3ボタンまで開け、シルバーアクセサリーをさりげなく。女っぽさを上げましょー！

isato
isato

新玉ねぎとカツオ節のぽん酢

ある春の日の一人ごはん。手を抜くと味に表れるって、夫がよう言うてましたわ。でもね、一人だと、ちゃちゃっと作れて美味しい方に、軍配が上がることもある。

春の「新玉ねぎとカツオ節のぽん酢」もそんな一品。旬の新玉ねぎを縦に薄〜くスライスし、カツオ節をふわぁっと、山盛りに。後はぽん酢を回しかけるだけ。わずか、5分でできちゃいます。コツは、玉ねぎを水にさらさないこと。切って数分放っておけば、苦味が飛び、栄養分も流れ出さない、血液サラサラ〜。カツオ節は、ちょっと上等な枯れ節の削り節がよし。香りが断然違うのよ。そして、決め手はポン酢。これは好みがあるけれど、私は、鎌田醤油の「ぽん酢醤油」がお気に入りです。

さあ、今日もお鉢いっぱい、ペロリといこう！甘くてシャキシャキ！サイコーです！

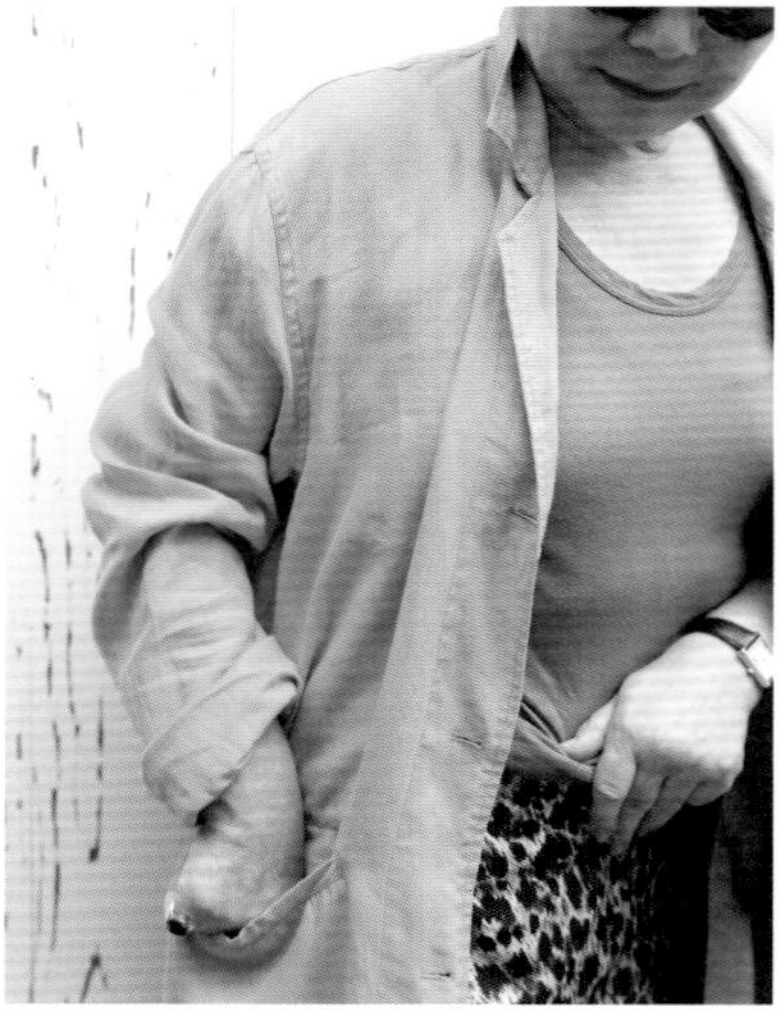

Fashion Point

春は、イデーで買った若草色の麻のコートが大活躍。着込んで、洗いを重ねているので、クタッと心地よく体に馴染んでいます。パープルのUネックTシャツとレオパード柄のスカート（ジュンコシマダ）＆ハイヒール（D&G）は、どう見ても派手めのマダム風。だから、このコートを肩に引っ掛けて、色で遊び、形でカジュアルに外しちゃう。ただ、これでは全体が締まらないので、どこかに黒をプラスする。サングラスと指輪、時計が、その役割を引き受けています。

夫の通夜で、賀茂鶴一杯

夫の通夜のことでした。次男がそっとやって来て傍に座って言いました。「まあ一杯やりましょか、お母さん。ほんまに、よう頑張りましたなあ〜」

寝たきりの実母を8年間介護し、その後に夫の癌が見つかって、入退院を繰り返した10年間。18年に及ぶお店と介護の日々は、正直言って大変でした。

「一杯やろか」と勧められ、くいっと飲んだその賀茂鶴《かもづる》。ふ〜。嬉し涙と混じり合ったあの味が、いまだに忘れられなくて。酒屋さんの前を通りかかると、ついつい買ってしまうんです。広島の賀茂鶴、涙酒。

やっぱり、息子は見てたんや〜。人前では、気丈夫を装って、涙なんか見せていなかったのに。車の中で、一人ひっそりと泣いていたはずなのに。ありがとう、息子。

Fashion Point

春も浅い肌寒い日に重宝しているのが、ライダースジャケット（ジョルジオブラット）。子羊の皮だから、滑らかで、クタッと肌に馴染んでくる。薄手ながら、インナーが薄いシャツでも防寒OK。しかも、この茶色はどんな色でも合わせやすいの。メンズのジーンズ（ハツキ）の裾はひと折りして軽快に。ヴィトンのバッグを斜め掛けし、パラブーツを合わせて、全体のバランスをカジュアル→マダムへ。

東遊園地前
Higashi Yuenchi Mae
히가시 유원지 앞
东游园地前

Essay

「自由のアイテム」ジーンズ

ふたたびのジーンズ愛

83歳、ジーンズを穿く頻度が増えています（笑）。白シャツにジーンズ、モヘアニットにジーンズ、シルクシャツにジーンズ。コーデのパターンを挙げれば、数限りありません。

私のジーンズ愛は、1950年代、大学時代に始まります。それと知らずに買ったリーバイス501に、白のTシャツを合わせるだけ。ほぼ毎日がそうでした。「ジーンズを女の子が穿くなんて」と眉をひそめられる時代に、私はジェームズ・ディーンに憧れる、少年のようなザ・ジーンズ少女だったのです。あれから月日は流れました。そして、ふたたびのジーンズ愛です。

私のジーンズの基本はストレート。細身、ワイド、メンズの3種類です。細身タイプが窮屈になってきた頃、レイトリーのワイドタイプに出合いました。ダボッとしたゆる感は、ラクチンというだけでなく、シニアをキュートにさせる摩訶不思議なパワーがあります。ミッキーのイラストTシャツと合わせたら、若者が「可愛い！」と目を丸くしていましたね。

今、私がぞっこんなのは、メンズ（ハッキ）のストレート。出合ってしまった、心揺さぶるこの1本（笑）。理由の一つには、ウエスト問題がある

レディースの細身タイプ（アーバンリサーチドアーズ）。トップスにゆったりしたTシャツやセーターを合わせると、バランスがよく、すっきりとして見える。

メンズ（ハツキ）のストレート。どんなスタイルも受け止める懐の深さが、メンズの魅力。

けれど（笑）、それ以上に、フォルムに惚れた！　裾がすぼみがちなレディースと違い、潔いほど真っ直ぐ。媚びない清々しさに、穿くと、背筋がすっと伸びます。

私には、長年の経験でできあがった、ジーンズを選ぶ条件、穿き方の法則があります。

《選ぶ条件》①赤耳仕様（※）。ジーンズ通ならわかるポイント！　②お尻ポケットが2個。ポケット効果で、腰高に見える（笑）。

《穿き方の法則》①裾を折る。15センチくらいの幅がベストです。赤耳をさりげなく見せるのが、私流のこだわり。②ジーンズを穿いたときこそ、コーデはシンプルでよいものを。トップスは、麻やシルク、靴やバッグはハイブランドクラス。大人カジュアルに決めたいわね。

83歳の私が行き着いた最高のおしゃれは、「麻の白シャツ&メンズのジーンズ」。ジーンズで遊び、遊びの中で洗練を学びました。思いのまま好きに着て、あなたらしい大人のジーンズスタイルを追求してください。ジーンズの原点は、「自由」にこそあるのだから。

ワイドタックパンツ（レイトリー）。若い人より、シニアが着てこそ可愛らしさが滲み出る。裾はふた折りして、軽快に！

（※）赤耳仕様とは……
生地の両端にある「耳」と呼ばれるほつれ止め（セルビッチ）に、赤い糸が使われているものの通称

ummer

夏のおしゃれ

涼しいだけでなく、
体のラインを隠さなあかん（笑）。
白い麻の、すとんとしたワンピースや
サマーセーターが活躍します。
どこかには、必ずシルバーのアクセサリーも！

Summer 01

君のアキレス腱は、水が溜まるような

結婚前、夫と恋愛中だったとき。夫が住む神戸と私が住む広島を行き来するお付き合いで、ひと月にたった一日しかないデートの日が待ち遠しくてなりませんでした。夫は、あらかじめ私の母に手紙で「○月○日、眞由美さんと神戸の＊＊でデートします」と断りを入れるという律儀さで、今の若い人たちにしてみたら、びっくり、謎だらけのお付き合いでしょう？

でもね、恋する女心だけは、今も昔も同じですよ。例えば、ほら、好きになったら聞いてみたくなるでしょ？「私のどこが好きなん？」って。私も聞いたの。そうしたら、「君のアキレス腱は、きれいやね。まるで、水が溜まるような」だって。変態やわ～、この人！って、ちょっと引いた(笑)。私の方は、聞かれもしないけど、こう伝えました。「あなたの穏やかさが好きやわ」と。昔むかし、ちょっと頬赤らむ思い出です。

Fashion Point

夏はショートパンツの出番です。歳？　関係ない（笑）。メンズが好きで、これはハバーサック。前タックがあって穿きやすく、お腹回りもカバー（笑）。少し膝上なのもよし。ゆったりとした白の麻ニット（ザノーネ）を合わせ、足元は茶色の紐靴（コールハーン）に白ソックスで軽快に。帽子をくちゃっとつぶしてかぶれば、甘さを控えた私好みのマニッシュに！

Summer 02

面白い形を着てみたい

街を歩いていると、通り過ぎた瞬間に後ろ髪を引かれ、ひょいと後戻りしてしまう店があります。見ると、ウインドーの洋服が、私にウインクを送っている。このシマシマのワンピースも、こうして出合った1着です。縦縞に斜めの縞を組み合わせ、切りかえの部分がフワッと開いているんです。でも、ポケットじゃない。「これ、どうなってるん？　面白いやん！」と若い店員さんと盛り上がり、即買いでした。

もう40年ほども昔になりますか。コム・デ・ギャルソンに夢中になった時期があります。漆黒の、大胆で繊細なシルエットに身を包むと、体の芯から力が湧き上がってくるようでね。あのワクワク感が、このワンピースにもあるみたい。

もっともっと、面白い形を着てみたい。40代、ファッションに自由を求めた原点回帰なのかもしれません。

Fashion Point

シマシマのワンピース（リオ）、若者向けのショップで見つけました。ユニークな形にひと目惚れです。紺地に白のストライプ、腰下の大胆な切りかえ。歩くたびに、このカット＆裾が揺れて、動きが出ます。ついつい足取りが大きくなって、軽やかに。この1着でパワーがあるから、アクセサリーは必要なし。ストライプに合わせて白の帽子、バッグ、スニーカーで、バランスを取ります。

Summer 03

一に健康、二に健康

今、一番大切なのは、健康です。健康をくずすと、周囲に迷惑がかかり、息子は仕事ができなくなる。↓施設に入ることになる。↓おしゃれができなくなってしまう。悪いスパイラルに陥ります。そんなの、イヤよ〜！（笑）。健康だけは、何がなんでも守らなくちゃ。

体は食べ物でできている。だから、この体に何を入れるかが大事です。朝はしっかり食べ、昼に魚や肉で贅沢したならば、夜は控えて、お蕎麦程度に。一日でバランスを取っています。でも、それだけでは不十分。サプリの力を借りています。黒酢とセサミンに加え、最近、息子の勧めで「核酸」のサプリを始めました。知り合いの90歳翁が、ものすごく元気なんですって。もう一つ、続けているのが、一日おきの散歩です。5000歩を目標に、近所の坂を上がって下る。「健康こそが、息子孝行！」と唱えつつ。

Fashion Point

近所でランチをとることも、しばしば。気張らなくても、おしゃれの気遣いは忘れたくないですね。Tシャツは、夏定番のレイトリー。小さな立ち上がりのネックとフレンチ袖が気に入っています。キャメル色のパンツ（オオタ）はオールシーズン活躍中。注目は、この布袋。hananokiのオリジナルで、インスタに寄せてくださったuniuniさんのイラスト（モデルは私です！）とのコラボ作品。キュートでしょ！

ランチタイム

Summer 04

おしゃれに育てたつもりでも

子育て時代も、私は、おしゃれに手を抜きませんでした。マニキュアもしたし、帽子もかぶって、颯爽としてました。その影響は、息子たちにも及びました。まず、マンガのイラストがついたTシャツを着せたことはありません。テレビで流行っていたキャラクターの洋服も、どんなに泣いてねだられても、ダメよ！の一言で退けました。彼らに着せていたのは、VANのジーンズにボタンダウンのシャツ。そうして、私好みのおしゃれさんに育てたつもりだったのに……。

思い通りにはいかないのが、世の常です。大人になった息子たち、おしゃれには気を遣っているようだけれど、全然私好みじゃない。彼女ができたら、彼女の好みになっていくの。万一、彼女の趣味が悪ければ、趣味の悪い男になりますよ。これればかりは、どうしようもない。私だって、夫を私好みにしたんだもの(笑)。

Fashion Point

雨の日は、さらっと肌触りのよいものを着たい。近所の店でたまたま見つけたロングシャツタイプのワンピース（ミズイロインド）。薄手の繊細なコットンで、軽やかな透け感が魅力。乙女心がくすぐられる(笑)。インナーは、白Tシャツとパンツ。アクセサリーは邪魔をするからつけないで、同系グレーの水玉模様の傘をアクセントに。フェミニンになりすぎないよう、足元は重量感のある黒の紐靴（パスクッチ）で。

膝小僧が見えるか？ 見えないか？

小さい頃から続けていたクラシックバレエやダンスが、私の脚を鍛えました。とくにふくらはぎの筋肉は、ぷくっとして硬い（笑）。夫に、「君のアキレス腱はきれいやな〜」と褒めてもらえたのも、83歳でショートパンツを穿いていられるのも、そのおかげだと思います。

ショートパンツは、若い時分からよく穿きました。大学時代は、お尻のギリギリのラインで、太ももをシュッと見せていたの。当時は、体重も46キロで、ウエストもキュッと締まってたから、男の子が振り返るくらい、よう似合いましたわ（笑）。でも、それも20代まで。それからは、丈が膝上、膝と長くなって、今は膝小僧が見えるか、見えないかのラインになっております（笑）。でもね、気持ちは少しも変わっていませんよ。現役大学生の若い気持ちで、ほら、こうして堂々と歩いています！

Fashion Point

大学生ルックで攻めてみました（笑）。主役は、ショートパンツ（ハバーサック）です。胸開きの広い白＆黒のTシャツを重ね着で、わっ、大胆！ ポイントは、黒のキャップ（アニエスベー）＆大ぶりのベージュ色のリュック（スタンダードサプライ）。アイテムで若々しさを発揮しつつ、色をベージュ、白、黒のシックな3トーンでまとめて、若づくりにはならない大人カジュアル感を。

神戸大學

マダムになりたい？　おばさんになりたい？

店のお客様には、50代、60代が多いのですが、私は必ずこう聞きます。「お幾つですか？　60歳は、マダムになっていくか、おばさんになっていくかの境目ですよ。どっちになりたいですか？」と。多くの方は「そりゃ〜、マダムですよ」とお答えになるけれど、私のお返事は、大抵「それは無理。マダムになりたいなら、これ、着ましょう！」。スタッフは、ハラハラしているようですが、言って差し上げないとわからないでしょ。

還暦前後になると、お洋服が地味に地味にとなっていきます。そうなると、見た目も心もおばさんまっしぐら。だから、私はあえて言います。お洋服で遊ぼう。冒険しよう、と。そうすると、目を輝かせて、上から下まで全部服を取っ替えて出ていかれるお客様もいる。もちろん、それが似合わない場合は、私は絶対似合わないと言うから、安心してね（笑）。

Fashion Point

真夏は、白のコーデがスカッとして気持ちいい。グレーのボーダーシャツ（オーシバル）に、麻のメッシュセーター（ザノーネ）をラフに引っ掛けて、アクティブに。麻のパンツ（アルマーニ）はメンズ。大きな前ポケットが、短調になりやすい白コーデの中で、いい働きをしています。裾は軽く折って、キュートに。大ぶりのピアス、シルバーのバングル＆リングで、マダム風に。靴は、ルカグロッシのビットローファー。

Summer
07

金沢の妙子さん

ピンポ～ン。来た～！　アサヒスーパードライに梨、和菓子。思いもかけないとき、ひょいっと届く。送り主は、妙子さん。彼女は、大学時代の三羽烏の一人です。みんな、はじけるような二十歳《はたち》で、よう喋ってよう笑って、ときに泣いたり怒ったり。今でも、当時と同じ心のままでお付き合いできる、大切な存在です。

妙子さんは、金沢に住んでいます。介護の世界では知る人ぞ知る大物ですが、そんなそぶりを微塵も見せることはありません。いつだって、人想い。いつだって、可愛い。彼女の信条は、「尽くして求めず」。私は、この後に、「尽くされて忘れず」をつけたらどう？と手紙に書いたら、「それはいらんわ」って。そんな人。

寂しいな～っと、ふうっと心に隙間風が吹くとき、何かが届く。電話が鳴る。妙子さん、ありがとう。

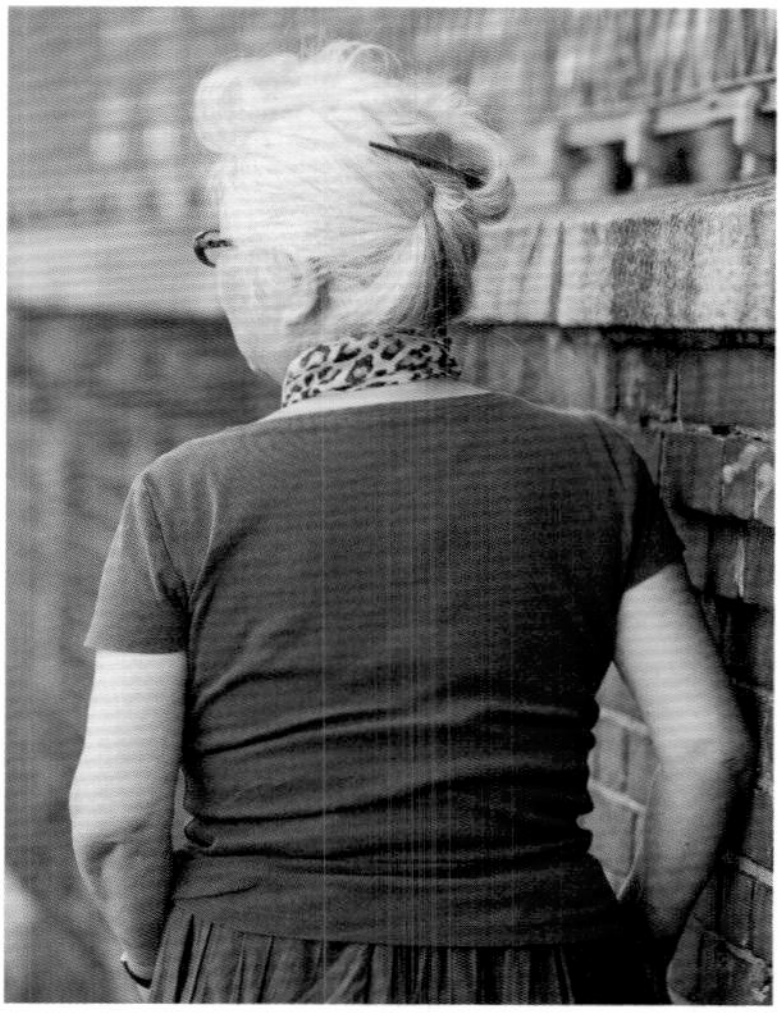

Fashion Point

パープルは、色合わせの難しい色。白や黒をよく勧められますが、私はブラウン系とコーデするのが好き。個性的で、品よくすっとまとまります。ギャザースカート（アッシュ）は、サラサラのシャリ感がお気に入りの1枚。同系色のレオパード柄のスカーフを首に小さく結び、Tシャツと同じパープルの靴下をアクセントに。メッシュのバッグ（マキエ）は、夏によく持ち歩いています。

取集時刻
POST

視線そらしは、上級テクニック

太ったの。憎《に》っくきコロナのせいですよ。4キロ？　いえ、もっとです（笑）。インスタでも共感する声をいただいて、「太った姿をいかにスタイルよく見せるか、お手本を見せてください」と。よっしゃ〜、そのテクニック教えましょ。

まず、肥えても、隠しまくったらあかん。堂々としておれ、ですよ（笑）。気になるお腹対策でおすすめなのは、ローブタイプの上着。ふわっとかけてウエストは紐で結わえない。すっと縦長にごまかせます。また、スカーフを首にくちゃっと巻いてポイントを上に持っていったり、胸元を大きく開けてアクセサリーをジャラジャラつけるのもよし。つまりは、これ、ウエストから視線をそらすトリックなのよ。靴をパキッと派手にして、足元へと視線を誘う。バッグやサングラス、小物をバチッと決めて視線を惹きつける。自然とお腹はスルーされます（笑）。

Fashion Point

賑やかな南京町をふらっと歩くのが好き。繊細な透け感が魅力の白のロングシャツ（フロムファーストミュゼ）の下は、白のタンクトップ＆パンツ。色物を合わせるよりも、すっきり涼やか。ただし、このままでは単調なので、エスニック調の長いネックレスで動きをつけて。茶色のメッシュで揃えたサンダル＆バッグ（マキエ）で引き締め、ペディキュアの黒でコンプリート！

よく働いた手に、指輪を

指輪は、つけて当たり前の薬指にはしません。ちょっと変わったところにつけています。それには、やはり意味がある。歳をとると、手が汚くなるでしょ？　シミやシワ、節くれ、そこに目がいかないように、あえて目立つ指輪を人差し指や小指につけているの。

私は、お店での接客中、手を見る癖があるんです。すっときれいなお方でも、手は少しゴツくなってシミも目立つ。でも、そんな手をした方のお家はきれいですよ。家事を一生懸命やった手は、間違いなくそうなるの。歳のわりにきれいな手をしている方は、その逆か、お手伝いさんがいる家かもね。

指輪って、女性にとっては特別なもの。「じっと手を見る」ではないけれど、自分を励ますのは自分の手なの。だから、指輪。歳を重ねたからこそ、目立つ指輪をどうぞ人差し指や小指に。

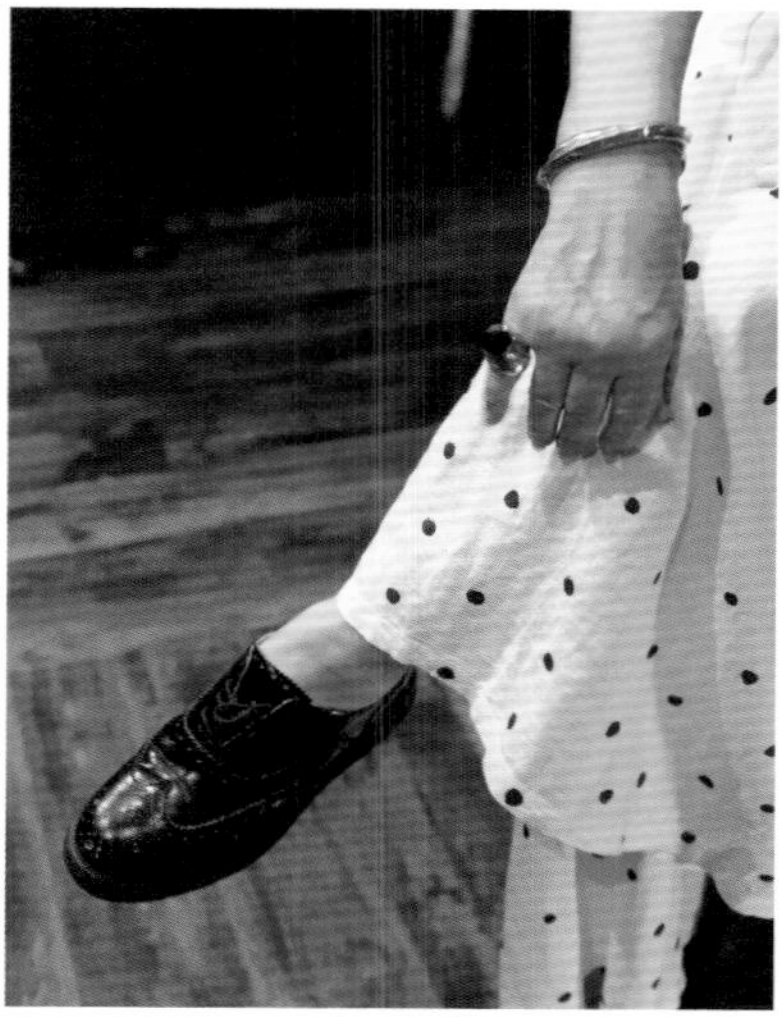

Fashion Point

水玉模様が大好きです。とくに夏、夕立が来そうな日は、水玉のスカートを穿いて、ほろ酔い加減で「雨に唄えば」なんて歌いたい。これは、水玉のスカート風パンツ。Tシャツ（レイトリー）は、水玉の色と同じ黒で合わせます。でも、このままではフェミニンすぎる。こういうとき、重宝するのが重い黒の紐靴（パスクッチ）。この靴、本当に出番が多い！「くずし」の眞由美流には欠かせないアイテムです。

Essay

「自由のアイテム」スカーフ

巻いて、結んで、七変化

映画で学んだ懐かしいヘッドスカーフ。前髪にボリュームをもたせ、後ろ寄りにかぶる。姿勢をよくすると、この巻き方がカッコよく見える。

色に、柄に、ひと目惚れしたら、迷わず「買っとこ!」です。今、思いつかなくても、いつかは、何かに使えるでしょ……。そう考えて、増やしていったスカーフたち。ハイブランドからノーブランドまで、一時期は、タンスの引き出しが、ありとあらゆる色と柄で溢れ返っていました。

でも、80歳を過ぎ、さらには、コロナ自粛で、断捨離をしたくなりました。お値段が、数万円もするらしいハイブランドもなんのその、思い切りよく整理して、残したのは、バリエーションをつけられる厳選10枚。

10枚あれば、私のおしゃれは自由自在です。60年以上も使い続けているし、そもそも私の使い方に定番はありません。同じ洋服を着ても、スカーフの巻き方は、その日そのときの気分で変わる。手が勝手に動くまま、くちゃくちゃっとさせて巻いたり、首に引っ掛けて流すだけだったり。つまりは、ええ加減なんやね(笑)。

苦手なのは、テレビ番組でよく見るお行儀のよい結び方。エルメスだから後生大事に使うのも、

重量感のあるコーデュロイ&ウールコートに、レオパード柄の大判ストール。どちらかが軽くては、アンバランス。色や素材のトーンを合わせ、バランスを取って。

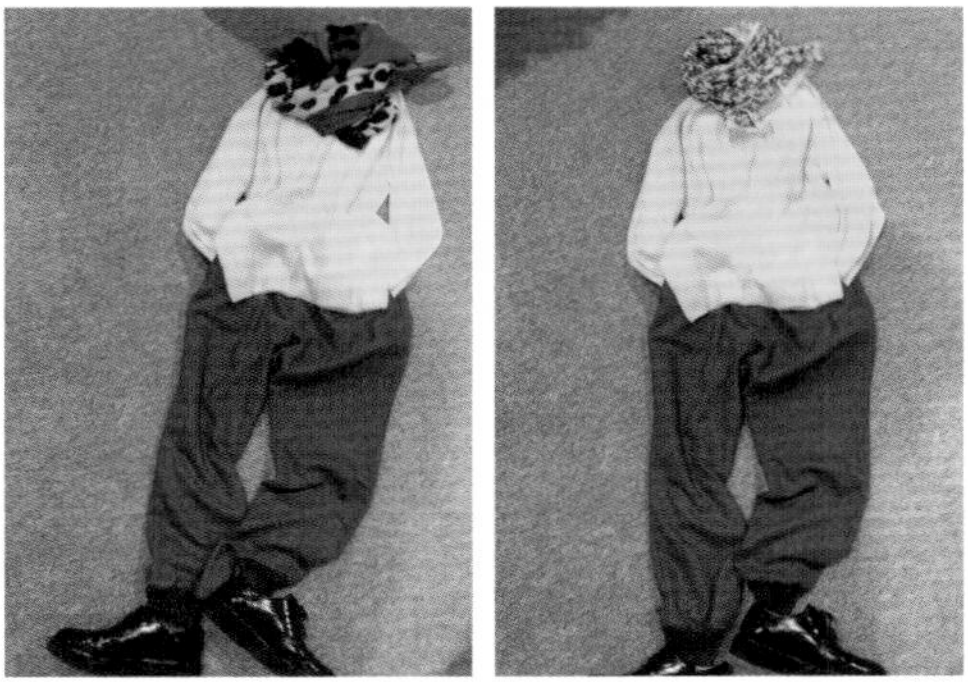

スカーフは、洋服の色から同系色のものを選んで合わせ、全体を品よく統一。同じ服でも、スカーフ1枚で印象が変わる。

好みではないわね（笑）。いいものを身に着ければ、それでおしゃれが完成するわけじゃない。スカーフもマフラーも「どう遊んでやろか〜」が私流。自由に使えばいいんです。

大判のスカーフやマフラーを、ぐるぐる巻いて胸元にボリュームをつけたり、パサッと肩に掛けて動きを出したり。ネッカチーフを首にキュッと小さく結ぶ。習慣的にやっている使い方ですが、いつも無造作なので、どこの柄が出るかは出たとこ勝負、形もテキトー。おかげで、同じ洋服でも、雰囲気がガラッと変わる。マニッシュになったり、ガールズ風になったり、エレガントなマダムになったりと、七変化するのが面白いのね。

ときには、パッとひらめいて、人様の視線を集めてしまう使い方もやりました。例えば、**その1**エルメスと幅の狭い無地のスカーフを二重にグリグリッとねじり、タオルみたいに巻いてみた。**その2**大判の柄物スカーフを折り、ウエストに巻いて、ベルトにしてみた。**その3**エルメスのスカーフを大きな透明バッグの裏地にしてみた。

最近ときどきやるのは、三角に折って頭にかぶるヘッドスカーフ。60年前には、頭を覆った後、端を首に巻く真知子巻きが一世を風靡しましたね。今やると、新鮮です。

防寒対策だけじゃないこの存在感！　ストールこそが主役。体を包み込むように、フリンジを生かして。ピンク色を1枚持っておくと、華やいだ雰囲気作りに効果的。

Autumn

秋のおしゃれ

ショコラ色が恋しくなる季節。
シックだけでは面白くないから、
赤色のパンツや派手めのスカーフで遊ぶのよ。
ジャケットや帽子も、
変化をつける大事なアイテム。

Autumn 01

黒メガネで、オノ・ヨーコ？

メガネ、大好き！ 10個くらい持っています。丸ネガネや変わった形のメガネ、大小のサングラス。メガネ一つで、愛嬌、シャープさ、マニッシュもマダムも演出できる。仕上げには欠かせない。

出番が多いのは、黒の丸いサングラス。行きつけの眼鏡屋さんで見つけました。ご主人いわく「オノ・ヨーコがかけていたもののコピー」なんだとか。色よし、形よし、かけ心地よし。その上、オノ・ヨーコ？ 買い！でしょ(笑)。以来、このサングラスは、甘さを抑え、全体を引き締めてくれる私のよき相棒。ちなみに、私のサングラスはみな、黒か薄茶色です。ついでに言えば、マスクも白オンリー。どちらも色付きは、コーデ全体の邪魔をするから。

Fashion Point

黒と茶色のコーデは、秋の定番。スリムな黒のセーターに茶色のワイドパンツ（エピデミーク）、カラートーンが似ている大柄のスカーフを合わせてシックにまとめました。実は、スカーフこそが主役です。結ばないで優雅に流すと、縦のラインが強調されて、背が高く見えるでしょ？ 黒の帽子とサングラスは、必須アイテム。もし、なかったら？ 地味すぎますね。

Autumn 02

「助けてね〜」で、息子を育てました

長男を育てるときは、私もまだ若くて、必死でした。男の子だから「こら〜、何しとんや〜！」と声を張り上げることもあったし、蹴っ飛ばしたこともある（笑）。義母が「まぁ、眞由美さん。そんな言葉使って〜、どこで覚えたん？」とオロオロしてましたわ。

でも、次男が生まれてからは、私も変わりました。お芝居をするわけじゃないけれど、小さな息子たちに言っていた言葉は、「助けてね〜」です。「洗い物をするから、助けてね〜」。「洗濯物を畳むから、手伝ってね〜」。もちろん、そうは言っても、子どもの仕事。食器は汚れが落ちていないから洗い直すし、洗濯物もくちゃくちゃ歪んでいる。でも、母親に頼まれたら、僕が何とかしたらなあかん。助けなあかんと思ったのでしょう。今も、私のことは放っておけないみたい。よう世話を焼いてくれますわ。

Fashion Point

なんと言っても、知らずに買って、若者に「おっ、スゴイ！」と褒められたテイラー・スウィフトのイラスト入りTシャツが主役です。カジュアルなスプリングコートとパンツ（アーバンリサーチドアーズ）は控えめなベージュ系でまとめ、同系色の大判スカーフで変化をつける。左右の長さをずらしバランスをくずすと、動きが出ます。コートは袖をたくし上げ、シルバーのブレスレットをアクセントに。

フラットなロングブーツ

膝からくるぶしまでの長さで決まるフラットなロングブーツ。街を歩いていて、出合い頭に気に入りました。びっくりするほどピタッときて、足をスマートに見せてくれる。少し膝上のスカートに合わせたら、ほら、こんな感じ。

シャツに私流の着方があるように、ブーツにも、こうと決めている履き方があります。スカートには、ヒールのないフラットなロングブーツを合わせます。野暮ったく見えず、スカート丈が長くても短くても、ロングの方が裾さばきがいい。パンツには、やっぱりアンクルブーツですね。ほんの少しヒールがあると、足が長く見えて、COOL！　でも、ブーツにパンツの裾を入れてしまうと、NOT COOL。なぜかしら？

Fashion Point

このコーデ、「太って見せない」テクニック満載です。ポイントは、お腹回りに視線を集めないこと。ロングジャケットでウエストを隠し、視線を縦ラインへと誘導。インナーは、同系色の空色ニットで控えめに。膝丈のスカート（D&G）とマフラー（エルメス）をベージュで揃えると、自然に視線がお腹回りから外れていきます。スタイリッシュなロングブーツ（コールハーン）にも視線を集め、さあ、これで完璧！

関西流儀のお商売

「可愛いですね〜」って言われたら、「でしょ〜、よう言われますねん」って返す。これが関西流です。例えば、おばあちゃんが、1枚3000円の子どものTシャツを買うときには「高《た》っかいな〜、こんな値段すんの〜?」って文句の一つも言いますわ。私も、黙っちゃいないから「そんなん言わんと、3回着て捨てたら〜?」と返す。そしたら、そのおばあちゃん、「失礼ね、奥さん。うちは1回着たら捨てんねん」やて(笑)。関西のお商売は、このノリです。

東京では、こうはいきません。30年も昔、白金に出店したことがありました。売れないから、夫の「ちょっとは上品に構えな」というアドバイスに従って、何にでも「お」をつけて「お靴下」とか言うてたら、口が痺れてものが言えんように(笑)。2000円のTシャツに何十分も思案したあげく買わないことも。東京はケッチやわ〜(笑)。

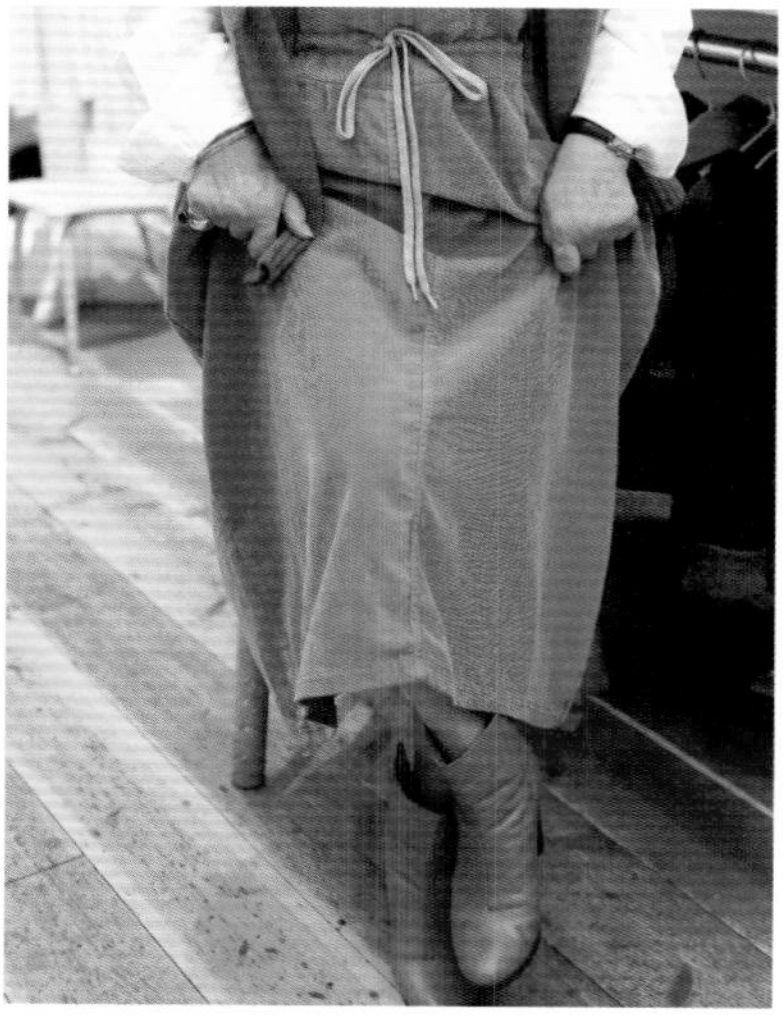

Fashion Point

hananokiで扱う洋服は、着てみます。このコーデュロイのジャンパースカート(アーメン)は、たっぷりとしたデザインが魅力のシニア向け。それでも、お腹回りが気になる場合は、肩に茶色のセーター(アーメン)を羽織り、ポイントを上に持っていきます。ヒールのある茶色のショートブーツ(ワシントン)で、ボリュームのあるロングスカートとのバランスを取ります。

「ひとり」は順番にやってくる

なかなか眠れない夜があります。夕食を食べるのも一人、テレビを観るのも一人。その「ひとり」が、枕元にも忍び寄ってくる。

まぶたを閉じると、息子や孫たちの顔がよぎります。最近、あの子はどうしてるんやろ？　高校生やから、彼女ができて忙しいんやろか。

「眞美《マミ》ちゃん、美味しいねえ」と言ってご飯をパクパク食べてくれる下の子も、昨日も今日も来なかった。あの子もそのうち彼女が出来て、きっと来なくなるんやろなあ。その方が、パパやママ、ばあばといるより、うんと楽しいに決まってる。寂しいなあ。

でも、これも順番やね。私も母を一人にして、彼と遊ぶのに忙しかったもの。嫁入り前は、はよ行け、それ行けと散々言って追い出しておきながら、出した後は大泣きして。母親って、そんなもの。「ひとり」は順番にやってくる。

Fashion Point

バーバリーのコートスタイルの中でもお気に入りなのが、このコーデ。インナーは、ごくごくシンプルな白のTシャツ＆白のスウェットパンツ（エヴァムエヴァ）。脱力するほどラフな格好に、パサッと無造作にバーバリーを羽織るのが私流の粋なんです。ただし、スカーフ（グッチ）とバッグ、靴（グッチ）は、黒で揃えてシックに決めて。スカーフの黄色を、差し色として効かせます。

ユニクロは衣料品

ユニクロ、嫌いじゃありません。私も着ています。冬は、ヒートテックのシャツにたいそうお世話になってますよ。でもね、どれだけ重宝し、どれだけ流行だと言われても、私にとって、ユニクロは衣料品以上でもなければ、以下でもないの。はっきり言えば、ファッションではないのです。上から下までユニクロずくめで、若さの勢いで着ればまだしも、歳を重ねてそれをファッションと呼ぶのには、ちょっと無理があると思うのね。Tシャツくらい、とおっしゃるけれど、上質なTシャツこそシニアにとってのおしゃれじゃない？　普段着だからとユニクロ頼みにしないで、少し値が張っても、心が躍るようなTシャツを着てほしいなあ。

Fashion Point

街歩きの途中、ベンチを見つけたら休憩します。座って、行き交う人を見ながら、おしゃれ観察！（笑）。肌寒くなってきた晩秋に活躍するのは、ライダースジャケット（ジョルジオブラット）。白のトップスとジーンズ（ハツキ）のコーデが定番ですが、気分によって、マフラーを替えて遊びます。羊皮ならではの柔らかく風合いのあるキャメル色は、どんな色でも受け止めて、赤、紫、黄色etc.なんでも来い！ スニーカーはプラダ。

Autumn 07

毎日欠かさず、日記を付けます

毎日、夜寝る前に日記を付けています。朝から食べたものを全部記録。お薬もサプリも、余分に飲んだらあかんから、薬の欄に飲んだら飲んだって記します。今日、誰それさんにお目にかかったとか、明日の予定もちょこちょこっとメモします。一日も欠かしたことはありません。

日記は、教師をしている頃から付け始めたけれど、後期高齢者になってからは、毎日付けるようにしたんです。というのは、お医者さまに言われたの。「忘れたわ～って、そのままにしたらあかんよ。思い出すことが大事だよ」って。

その日にあったことをつらつらと書く。今日はああだった、こうだったって、言ってみれば、一日のおさらいなのね。でも、後で見直すことはありません。過ぎたことは、もういいの。ただ、今日一日をさぁ～っと思い出すだけ。物忘れ防止の頭の体操です。

Fashion Point

てれんとした茶色のマダム風のシャツ（08サーカス）は、普通に着ると、おばさんくさくなってしまう危険あり。白のスリムジーンズ（アーバンリサーチドアーズ）とアンクルブーツを合わせて、若々しくマニッシュに。胸のクロスで、女らしさを。メガネは馴染みのお店で作ってもらった特注品。左右のサイズが違い、横顔の表情が変わるんですって。

Uber
Eats
営業時間
OPEN 11:00
CLOSED 18:00
ラストオーダー（17:00）

私のアンダーウエア

縛られるのは、ニガテです(笑)。アンダーウエアも窮屈なのは、かないませんね。だから、ブラジャーはせず、乳首にニップルシールを貼って、肌触りのよい素材のキャミソールを着ています。もちろん、ガードルも着けません。下がるがママ、なるがママ(笑)。

ただし、下半身の下着にはこだわります。足腰を冷やすと、全身に不調をきたすから。ショーツは、オールシーズン、短めなのと長いものの2枚穿き。冬は、カシミヤの極上スパッツを穿いていますが、これはもう手放せない。ビロードのように肌にやさしくて、驚くほど暖かいの。2万円もするけれど、4年穿いても傷まない。これで健康的でいられるなら、お安いものよ。

Fashion Point

う〜ん、チョイ恥ずかしいかな〜。この年で赤パン（マッキントッシュフィロソフィー）？って思いながら、いやガンガン行こう、元気をもらおうと、ベージュのニットアンサンブル（エルメス）と合わせました。同系のベージュのマフラー（エルメス）のボリューム感が、顔を若々しい印象にします。バッグ（ルイ・ヴィトン）は斜め掛けにして、こげ茶色の靴と色合わせ。落ち着いたシックなトーンにまとまりました。

入門

姿勢は、おしゃれのピリオド

思わず振り返って見てしまう。そんなシニアマダムがいらっしゃいます。すっと背筋を伸ばして、ゆっくりだけれど、足取りしっかり歩いていらっしゃる。そんな姿を目にすると、私はどうかな？　と、店のウインドーに映る自分の姿を確認します。よし、大丈夫！　お洋服に着られてはいない（笑）。

姿勢は、おしゃれのピリオド。最後の仕上げです。洋服に靴、バッグまで完璧にコーデし、どんなにバチッと決めたつもりでも、姿勢が悪いと、お洋服に着られちゃう（笑）。衣類をただまとっているだけで、ファッションじゃなくなっちゃうよ〜。というわけで、私もこの本の撮影中、ず〜っと確認していました。「私、腰が曲がってない？　背筋は伸びてる？」。ただし、胸を張りすぎてもダメ。逆に、お腹がボンと出ちゃうから（笑）。アゴを引き、お尻をキュッと締めてまいりましょう。

Fashion Point

着込んで体に馴染んできたカーキ色のスプリングコート（アルバム ディ ファミリア）。帽子（マチュアーハ）、靴（グッチ）、リュック（スタンダードサプライ）にバングルまで、カーキ色と相性のいい黒でシャープにまとめます。コートは緩く結ぶだけ。個性的な大判スカーフ（グッチ）を胸元でボリューミーに巻くと、黄色模様が効いて、ヴィヴィッド効果がアップ。パンツまで黒にすると、くどくなります。控えめなライトベージュで上品に。

ハイッ、母ちゃん、そこまで！

毎日、夫の写真に話しかけています。朝は起きたらすぐ、「おはよう」。仕事へ出かける前には、「行ってくるね」。帰ってくると、「ただいま」。そして就寝前には、「今日はこんなことがあってなあ」と一日の出来事を報告します。落ち込んだら、「ちょっと、あんた聞いてよ〜」と愚痴をこぼします。生前、夫は、私の愚痴が怒りに変わり、カーッとなって爆発しそうになるその絶妙のタイミングで、パシッとこう言うてました。「ハイッ、母ちゃん、そこまで！」。のんびりさんで、〝喧嘩せず〟が信条だった夫の、私をストップさせるキメ言葉。効果てきめん。気持ちが、すーっと収まったものでした。今でも自分を戒める最高の言葉です。

Fashion Point

たまに異人館街を歩くと、おしゃれ心が刺激されます。この日は、秋らしい、うぐいす色のツイードのジャケット（45R）で。シンプルな白の麻シャツを合わせ、大きく開けた胸元にシルバーのアクセサリーを重ねづけして女っぽく。ボトムスは、うぐいす色と相性のいいキャメル色のワイドパンツ（オオタ）。足元はパラブーツ。

よいものに触れて、センスを磨く

洋服と同じで、アンティーク品でも銘柄や作家の名前は、気にしません。そもそも、あまり詳しくないの。ただ、骨董品は大好きで、アンティークの店を見かけると、ふらっと入ってしまいます。店内を歩き回って、あ、これいい！と直感に響いたら、時代も銘柄も関係なし。買った後に、あれまあ、そんな立派なものだったの？ってこともあるんです。夫の家は元は大きな料理屋で、使われていた古伊万里などの骨董が、今は我が家の食卓に並びます。新婚時代に購入したイギリスのアンティークキャビネットやアールデコ調のライトスタンドは、今も大切に使い続けています。生活の中で、よいものに触れる。これに勝るセンス磨きはないですね。

Fashion Point

ビンテージショップは飽きません。この時間を楽しめるように、リラックスコーデで参ります。微妙な透け感が魅力の黒のニットとグレーのパンツで、シンプルに。シャツの白襟をちょっと見せると、顔映りが明るくなりますよ。ちなみに、襟はワイヤ入りで、スタイリングが自在。バーバリーのコートは、この日も活躍。パサッと羽織り、足元はコンバースで足取り軽く～♪

Essay

「自由のアイテム」
バーバリーのステンカラーコート

コートの包容力

出合いは偶然でした！　滅多に見ないファッション雑誌をパラパラとめくっていたら、あるページで手がピタリ。視線を捉えたのは、颯爽と街を歩く若い女性が着ていたコート。翻るコートのロング丈、襟から肩にかけてのやさしいライン、そして、バックの太い飾りベルト。これだわ！と、すぐさま頼んで取り寄せたのが、バーバリーのステンカラーコートです。

バーバリー定番のトレンチコートは、ベージュと黒の2着

白のトップスに白のスウェットパンツ。私のベストコーデです。襟を立てて、スカーフを首元に結んで、引き締め効果。

を持っていました。でも、あるときから、肩章が気になり始め、丈の長さも好みに合わなくなってきた。けれど、されどの、バーバリー。違うタイプをずっと探していたところに、この決定的な出合い！　私には、おしゃれの神様がついている（笑）。

今年で2年目、ぼちぼち体に馴染んできています。真夏を除いてほぼオールシーズン、私のよき相棒です。少し肌寒ければ、ひょい。コーデに物足りなさが残るときに、パサッ。袖を無造作にたくし上げ、襟をくしゃっと立てて、前を開けてサッと羽織る。ビシッと決めるよ

り、クタッと力を抜いて着るのが私流。ハイブランドだからって、どうだどうだと着るのは、NOT COOL。コートに着られちゃ、ダメなのね。

これ1着でどうとでもなる。懐の深さが、このコートの魅力です。Tシャツ&ジーンズに、全身黒で決めたハードなマニッシュに、ゴージャスなマダム風からキュートな大人カジュアルまで、まず合わないコーデはありません。そのうえで、首元にスカーフを巻

赤、白、ベージュの鮮やかなトリコロール。たくし上げた袖の裏地のストライプが、シャツとシンクロ。アクセントになっています。

斜め掛けのケリーバッグとスカーフで、大人カジュアルに決めました。コートもバッグもハイブランドはラフに着てこそ、おしゃれ！

いたり、バッグや靴で大いに遊ぶ。個性を出します。

私のベストコーデは、上下とも真っ白なシャツ&スウェットのパンツ。力が完全に抜けたスタイルに、バーバリーを引っ掛ける。プチプラ&ハイブランドの組み合わせは、私の十八番《おはこ》でもあります。

今日もまた、ちょっとそこのスーパーまで……と、普段着にコートを引っ掛け、リュックを持って出かけます。このコート、一生着ます。着て、着て、着込んで、もっとクタクタにしたいなあ。私のトレードマークになるくらい。あっ、でも、刑事コロンボになってしまったら、アウトやけどね(笑)。

冬はコート！
カラフルに。結構な数を持ってます（笑）。
シンプルなインナーに、
ロング丈をずるっと長く着て、
マフラーやスカーフで胸元をあったか〜く華やかに、
が私っぽい。

Winter
冬のおしゃれ

Winter
01

学生時代のヤーヤーヤー

日本を変えなくちゃ！って、燃えたときがありました。日本全国、カッカとしていた時代で、東京で大学生だった私は、走りだった学生運動に加わって、他大学の男子学生と一緒に、先頭に立ってヤーヤーやっていたんです。母の影響も大きかった。広島で小学校教師をしていた母は、貧しい子どもたちを家に集めては、バリカンで散髪をしてやったり勉強を教えたり……。選挙のときには、労働者の味方をしてエイエイオーとやっていたの。

でも、そんな私を、夫は不思議に思ったみたい。金持ち喧嘩せず、とおっとり育てられた彼に出会い、恋をして、こういう世界もいいな、と素直に思った。私の燃える時代の終わりでした。

Fashion Point

ムートンコート（エブール）は、冬の街歩きに最強。今日は、グレー＆ブラックのモノトーンでストイックに。インナーは黒のタートルネックとジョガータイプのパンツ（シップス ジェット ブルー）。ポイントは、帽子。ベレー帽（アーバンリサーチドアーズ）なら額まで深くかぶって、ボーイズ風。グレーのハット（ベルモナトレンド）に替えると、ゴージャスマダム風。サングラスはどちらも必須です。

Winter **02**

変身は、小さなところから

変身したい。誰もが、そんな冒険心を持っています。うちのお客様にもいらっしゃいます。でも、これまで着たことのないお洋服には抵抗を示されるんです。そんなとき、私は「小さな変身」をお勧めするの。少し変わった指輪や大ぶりのイヤリング、スカーフをつけてみてはどうですか？と。

店のスタッフにもおりますよ。最初、うちの店で働きたいとやって来たとき、口紅一つしない地味な子でした。でも、清楚で、言葉もきれいでね。奥さんのお洋服に憧れてるって言うので、よし、直したろって。指輪を買ってあげたら、するようになって。一つが二つに、二つが三つになり、今では、意表を突く翡翠色のマニキュアまでしています。お洋服も変わって、可愛くなりましたね。

口紅をピンクからボルドー色に、ハイヒールをスニーカーに変えてみる。小さなトライが、明日のあなたを少し変えてくれるはずよ。

Fashion Point

冬でも登場！　ボーダーシャツ（オーシバル）。赤ボーダーに赤マフラー。ジーンズ（レイトリー）は、ダボダボ感が心地よいワイドタイプ。シニアを元気にキュートに見せる、大人カジュアルの決定版です。ワイドパンツは、一度穿くと手放せなくなりますよ。腰回りがゆったり、タックの入れ方もおしゃれ。シニアにこそ似合うはず。足元は、コンバースのスニーカーで。コート（バーバリー）を羽織り、さあ、今日も街に出よう！

Winter 03

ぎゅ〜っと伸ばして、マフラーに

試着はしません。店に入ってパッと見て、あっ、これステキ！と思ったら、即「これ、ちょうだい」。お店の人は試着を勧めてくれますけど、私には必要ないの。なにせ、年季が入っています。見たらわかる。それに、大きくても小さくても、似合おうがそうでなかろうが、自分なりにうまいこと着ちゃうもの（笑）。例えば、滅多にないきれいな紫のセーターを見つけたら、それだけで買い！　大きければ、袖をまくる。小さければ、袖をぎゅ〜っと伸ばしてマフラーにしちゃう。男物のビッグなセーターなら、お湯に通して縮めることもあれば、袖を切ることだってあります。服を自分に合わせる工夫こそが、おしゃれの楽しみ。眞由美流です。

Fashion Point

きれいな水色！のロングジャケット（リビアナコンティ）。モヘアの微妙な風合いがやさしくて、白と合わせた大胆な縞柄に、胸キュン。思い切りロングなのもgood！１枚で主張する服だから、白のTシャツにライトグレーのスウェットパンツ、同色のマフラーでシンプルに。バッグは、エルメスの包装用の布を使って、かばん職人さんが作ってくれた大好きな一品もの！

SINGER

Winter 04

デートといえば、このスタイル

仕事でパリへ行った友人から、もらいました。「これ、HERMÈSというブランドよ。そのうち日本でも流行るわよ」と。わあ、きれいなスカーフやな〜。それから50年が過ぎました。

当時は、頭にこのように被って、あごの下でキュッ。これなら、風が吹いても大丈夫。デートのたびに、数少ないスカーフを取っ替え引っ替え。映画の中の、ヘッドスカーフをしたドヌーブやヘップバーンをまぶたの裏に焼き付けて、鏡の前に立って真似をした。う〜ん、うまくいかないなあ。思えば、あのエレガンス。スカーフ一枚で決まるものではなかったのよ。足元、洋服、そして何より決め手だったのは、彼女たちの凛としたたたずまい。

Fashion Point

昔懐かしいフレンチスタイル。マフィアのマダム？って言われることも！（笑）。コート（iCB）まで全身ブラックのワントーン。ご無沙汰だったワンピースはパツパツ感もあるけれど、まだイケる！ 決め手はスカーフ（エルメス）。ゴールドがヴィヴィッドな差し色に。頭に巻くなんて古くさい？ いえ、今の時代だからこそ新鮮よ。レオパード柄のハイヒール（D&G）で、コンプリート。

夫の超ど級カミナリ

夫は、それはそれは穏やかで無口な男でした。けれど、生涯に一度、天地が揺れるくらい怒ったことがありました。私が50代、お商売に情熱を燃やしていた頃のことです。

その日の夕飯どき、お店であったイヤな出来事を夫に愚痴っていたんですよ。ああだ、こうだ、と言い募り、矛先が夫に向かった次の瞬間、黙って聞いていた夫がバッと立ち上がるや、飲んでいたジョッキのビールをザバ～ッと私の顔にかけたの。ビビりました。ところが、私の口から飛び出したのは、「いや～、あんたカッコええわ～」。夫は呆れて「アホか～」と目が点に。我ながら、自分の反応にガクッ！やわ(笑)。でも、心のどこかで、ここで「何すんのよ～！」と怒鳴り返したら、きっとオシマイだとわかっていたのね。

今さらこんな話をして、夫は、あちらで「何抜かしとんか」と怒ってるんちゃいます？(笑)。

Fashion Point

30年は着ているキャメル色のロングコート。昔、夫と行ったニューヨークで買いました。くるぶしまである長さが気に入って。パンツ（オオタ）は同色で揃え、セーター&マフラーは同じトーンの空色。余計なアクセサリーは着けないで、品よくシックにまとめます。ブリーフケースは、実用的ではないけれど、差し色や変化をつけるアクセントとして持つことがあります。

Winter 06

麻雀台に踊る赤い爪

麻雀台の上で、お歳を召した方の赤い爪がちょこちょこと踊る。ポン！と声が上がって、ひらひらと赤い爪が舞う。なんて可愛い！　いいなあ、私もやってみたいなあ。ここから、私のマニキュア歴は始まりました。私も若くて、マニキュアをする習慣はほとんどなかった時代です。それから、試した色は何十種類かしら？

黒色を塗ったのは、マダムになってから。パリで見たのがきっかけです。黒ずくめに黒のマニキュアで、オープンカフェでお茶をする女性。カッコいいなあ。私もやろう！と。日本では、黒い爪なんて、恐ろしがられた時代でした（笑）。

メークをしない人も、ぜひマニキュアはしてくださぃ。指先はいつも視界に入ってくるのだから、色があるだけで気持ちが上がる。お洋服に合わせて、赤や黄色、グリーンに白。指先で遊び、指先に色気を。

Fashion Point

真っ赤なコート（ジョルジョグラッティ）も、派手ね！だなんて、敬遠しないで。グレーヘアだからこそ似合うんです。赤いコートは、1着で十分すぎるほどパワフルだから、インナーはシンプルにまとめて。私の定番は、白シャツ＆ブルージーンズ（ハツキ）。アクセサリーも着けない。大きなバッグが、唯一のアクセント。イラストに惹かれて即買いでしたが、そのお値段に目が飛び出ました！ ヘタウマ、侮ってはなりませぬ（笑）。

TEL IMPERIAL
CHOCOLATE SHOP
LIQUOR SHOP

レクイエムは、「エンドレス・ラブ」で

音楽とともに人生がありました。広島のおはち（お転婆）だった少女時代、クラシックに始まりジャズに浮かれ、大学時代にはシャンソンにはまって、アメリカンポップスも存分に浴びた。中年からは、演歌を聞いて歌うようにもなりました。

今、目覚めるとすぐ、ステレオのスイッチを入れます。どれを選曲するかは気分次第。スローなジャズをかけたり、アップテンポな歌謡曲をかけたり。何でもいい。ただ、これだけはと決めているのが私のお葬式で流す曲。息子に、「テネシーワルツ」か「エンドレス・ラブ」にしてねと頼んであります。とくに、ライオネル・リッチーの「エンドレス・ラブ」には、胸が震えます。夕飯後の散歩でお星さんを見ながら歩くとき、この曲が頭の中で流れます。夫と腕を組み、一緒に歩いている気持ちになれるの。彼とは今も、エンドレスラブだから。

Fashion Point

パリが恋しくなるとき、イケメンマスター！のブラッスリーへおしゃれをして出かけます。エメラルドグリーンのワンピース（グッチ）は、40年前、パリのグッチでドキドキしながら買ったもの。正直、きつくなっていますが、グッチのバッグと合わせて堂々と！（笑）。モノトーンのツイードコート（スカディ）に合わせ、マフラー、ベルト、ロングブーツも黒で決め、全体をまとめます。襟元にぐるっと巻いたマフラーがアクセント。

ASSERIE L'OBABON
ATTENTION CHIEN BIZARRE
冷たい前菜
温かい前菜
メイン
付け合わせ

「パパ、大好き！」「連れてって〜」

私の店では、女のドラマが渦巻いています(笑)。買い物ついでに、ちょっと聞いてよと、お客様が身の上話をしていかれるの。よく聞くのが、中高年に訪れる夫婦間のすれ違い。隙間風が吹き始め、どう接していいのかわからないって。私の答えは決まっています。「パパ、大好き！って言ってごらんなさい」。私がそうだったんですよ。夫がお酒のアテを台所で作っているとき、後ろからそっと近づいて「何、作ってんの？　大好き！」ってよく抱きついていたの(大笑)。こういう可愛らしさのテクニック、実は、歳をとるほど大切じゃないかなあ？

「連れてって〜」も自然によく口にしていました。夫に「スーパーに行くけど、君も行くか〜」と聞かれると、「行く」じゃなくて「連れてって〜」。この方が可愛いんちゃいますか(笑)？　あちこち、よう連れてってくれましたから。

Fashion Point

たまに、マダムの王道ファッションをやってみたくなります。グリーンのフローラル模様のアンサンブル（フェラガモ）に同系トーンのベージュのパンツ（アーバンリサーチドアーズ）、パールのネックレス＆ピアス。ジャスト、マダム！　キャメル色のコートは、ベルトでウエストを締めて雰囲気を出し、ケリーバッグと靴のこげ茶色で引き締めます。思えば、夫もこんなマダムコーデが好きやった。デートのお誘いが、ようかかりました。

帽子、大好き！

帽子だらけのマイルーム、夫が見回して、よう言うてましたわ。「夏と冬、1個ずつあったらええんちゃう？」。いえいえ、そんなわけにはいきませぬ。ひと口に帽子と言えど、10個あれば、100のコーデができるんやもの。

帽子も出合い。ピンと来たら、すぐ買っとこ！です。でも、この買っとこ！ラインを越えるには、クリアすべき条件がある。キャップはツバが7センチ。流れるようなフォルムなら、文句なし。ベレー帽は、メンズ限定で大きめがいい。ハットは、大抵ひと目惚れで連れて帰る(笑)。

どんな帽子も、いったん私のモノになれば、形無しです。ハットは、お尻の下に敷いてつぶし、キャップは深くかぶってツバを曲げたり。ベレー帽は深くかぶって、クタッとさせて形をくずす。帽子を思いのままに手なずける。これが、眞由美流の帽子術！

Fashion Point

シニアにはちょっと大胆なブラック＆ホワイト。いつもは細ボーダーばかりですが、太いボーダーシャツ（アニエスベー）にも挑戦です。白のスウェットパンツ（エヴァムエヴァ）のクッタリ感で、全体のハードさをラフにはずします。ベレー帽（アーバンリサーチドアーズ）は大きめのメンズを深くかぶり、くしゃっとつぶしてニュアンスを。濃いサングラスをかけて、フレンチなマリンスタイルが完成！　スニーカーはホーガン。

「私らしさ」を発見する

「私らしいおしゃれって、どう見つけるの？」と聞かれます。私は、こうお答えします。「自分が付き合ってきた体や顔の中で、一番好きな部分はどこですか？」と。私は、若い頃、目がクリクリして魅力的だと言われました。じっと見つめる目が強くて、可愛いって。私は目がポイントなんだな～と思い、目を生かすおしゃれを意識したの。今は垂れているけど、目張りを入れて頑張ってるのよ（笑）。耳の形がよければ、ピアスやイヤリングで、より美しく見えるように。首がきれいな方は、思いきって胸元を開け、アクセサリーで視線を引く。足がすっときれいなら、膝丈のスカート！　年輪を重ねた今こそ、自分の魅力再発見！　私らしいおしゃれは、そこから。

Fashion Point

しばし、現実を忘れて夢に漂う。そんな異空間に迷い込むと、おしゃれ心がうずきます。微妙な色遣いが美しい格子柄のロングコート（アクネ ストゥディオズ）は、そんな1着。マフラーを格子のイエローと色合わせし、ボリュームたっぷりに巻く。インナーは薄手のニット（デミリー）１枚で。美しい若草色、シンプルなフォルム。極上の品と洗練には、アクセサリーはいらないですね。

おわりに

一冊目を出して一年後に、二冊目のお話をいただけようとは、夢にも思っていませんでした。インスタで紹介した洋服の中には、あれも着ない、これも着ないと、サヨナラしたものが何着もあったので、ちょっと焦りました！（笑）。

しかし、一年を経て、断捨離でリボーンした83歳、木村眞由美のおしゃれを紹介できるのなら、それも楽しいかも！　そう考えて、挑戦したのが、「ストリート」をテーマにした本作です。

今回、ご紹介した服の中には、同じものが何度か登場しています。それは、断捨離後に残った「私らしさ」のスタンダードです。一方で、83歳の私が着たいと思ってこの間に買い求めた、フレッシュな服も紹介しています。今回は、この一年間で進化した、新旧・眞由美のハイブリッドスタイルです（笑）。

一年というのは、本当に早いです。60代の一年と、80代の一年は全然違います。さらに、この一年は、その前の一年よりも早かった。一日が経つのも早いです。瞬く間です。ファッションには季節があって、次期シーズンの流行がいち早く「hananoki」にも入ってきますが、時間が少なくなってきた私に、次の春が来るかしら？という気持ちは、いつもあります。

一日一日が大事です。だからこそ、明日のおしゃれより、今日のおしゃれ。今日は、このスタイルで勝負しよう、これでやったろうという気持ちで服を選び、ポーズを決めて、インスタグラムにアップしています（笑）。

83歳の私にも、変わりたいという気持ちがあります。もちろん、ハイブランドにまったく関心がなくなったわけではないけれど、それにこだわっていたら、楽しくありません。それに、今買っても、10年着られるわけじゃないですからね。これからは、ちょっと変わった形を私流に着てみたい。結んだり、たくし上げたり、面白い色合わせをしたりしてね。

でも、そういう服は、若い人の店でなければ、巡り合えない。やっぱり、街歩きはやめられないわね！

こうして、おしゃれに欲があるかぎり、どうやら長生きできるらしいの。小耳にはさんだ健康説です（笑）。

一冊目を出したときに届いた「眞由美さんに勇気をもらった」という声や、インスタグラムの仲間たちに後押しをしていただきました。ありがとうございました。

最後に、一冊目と同じく、私を応援しサポートしてくれた二人の息子、家族、大切なスタッフや友人たちに、深い感謝を。

二〇二一年一月

木村眞由美

木村眞由美［きむら・まゆみ］

1937（昭和12）年10月、広島県呉市に生まれる。父が早くに亡くなり、小学校教師の母と二人で暮らす。ハイカラな母に雑草のように育てられ、はじけた子供時代を送る。高校生のとき、おしゃれに目覚め、教師の目を盗んではアバンギャルドなファッションを楽しむ。日本女子体育大学卒業後、広島で体育教師を数年務めたのち、結婚により神戸に移る。次男が生まれるまで中学校の教師を務める。教師を辞めたあと、1974年に子供服の店「花の木」を開く。現在は、子供服と婦人服のセレクトショップ「hananoki」として存続。夫を亡くした後、2015年より、Instagramを始めると、ヴィヴィッドな色合わせ、品よく着くずすおしゃれなファッションに「カッコよすぎる！」と全国にファンが増殖中。著書に『私はわたし、80過ぎてもおしゃれは続く』（KADOKAWA）がある。

hananoki：https://3midori.com/list/hananoki/

撮影……白川青史
迫田真実
p30-35、p46-47、p56-57、
p68-69、p74-75、p82-83、p90-91

取材・文……鵜養葉子
デザイン……飯塚文子
イラスト……uniuni
編集……清水能子

◎撮影協力（五十音順）
アンジー…p75
ウィーン・オーストリアの家…p99
カフェラ…カバー裏、p19、p95
KIITO CAFE…p24-25、p103
北の椅子と…p83
国指定重要文化財　萌黄の館…p81
ケイズプリュ
サ・マーシュ…p29
デザイン・クリエイティブセンター神戸…p1、p63、p67、p97
デラプランタ…p3、p93
トリウオ…p57
ノーブズ…p107
hananoki…p69
ブラッスリー ロバボン…p101
本の栞…カバー表、p13、p77
マザームーンカフェ三宮店…p30

Special thanks : 岡本由美、宮本美希

私《わたし》はわたし、
Age83《えいじ》のストリートスナップ

2021年1月7日　初版発行

著　者　木村眞由美《きむらまゆみ》
発行者　青柳昌行
発　行　株式会社 KADOKAWA
〒102-8177　東京都千代田区富士見2-13-3
電話　0570-002-301（ナビダイヤル）
印刷所　図書印刷株式会社

◎お問い合わせ
https://www.kadokawa.co.jp/（「お問い合わせ」へお進みください）
※内容によっては、お答えできない場合があります。
※サポートは日本国内のみとさせていただきます。
※ Japanese text only
定価はカバーに表示してあります。

ISBN 978-4-04-680024-4 C0077